DE L'INFLUENCE

DES FORÊTS

SUR LE CLIMAT

ET LE RÉGIME DES SOURCES

PAR

M. JULES MAISTRE

DE VILLENEUVETTE

MONTPELLIER

IMPRIMERIE CENTRALE DU MIDI

RICATEAU, HAMELIN et Cⁱᵉ

1874

Monipellier, le 28 octobre 1874.

MONSIEUR BARRAL,

Plus que jamais, je suis persuadé que la nouvelle maladie de la vigne vient de la sécheresse.

Ne pourriez-vous pas poser au Congrès viticole cette question :

« Le climat du midi de la France est-il plus sec ou moins sec qu'il y a quelques années? »

Je suis persuadé, ainsi que je n'ai cessé de le dire depuis 1866, que notre climat devient de plus en plus sec.

J'attribue ce changement :

1° Au déboisement de nos montagnes;

2° A la culture exagérée de la vigne;

3° Enfin à la destruction des haies, des arbres et de tous les obstacles qui s'opposaient à la marche du vent.

Ce qui permet d'apprécier d'une manière incontestable l'aggravation de la sécheresse, c'est la diminution de nos sources et de nos cours d'eau.

Enfin nous pouvons nous appuyer également sur les travaux de l'homme qui étudie le plus cette question, c'est-à-dire sur les travaux de M. Marié-Davy.

M. Marié-Davy a constaté que, depuis 1808 ou 1818, les pluies d'hiver vont constamment en diminuant.

Or, d'après M. Belgrand, ingénieur en chef des ponts et chaussées, et d'après tous les hommes qui ont étudié le régime des sources, ce sont les pluies d'hiver qui alimentent les sources et, par suite, les racines des plantes à racines profondes.

Nous demandons donc instamment aux membres du Congrès, et en particulier aux Italiens qui ont bien voulu assister à nos réunions, si l'ensemble du climat des pays des bords de la Méditerranée est devenu plus sec ou moins sec qu'à une époque plus reculée.

Poser cette question, c'est la résoudre :

Quels sont les pays des bords de la Méditerranée qui sont les plus riches et les plus fertiles ?

Ce sont ceux où l'on a eu l'heureuse idée de créer de nombreux canaux.

Et, en première ligne, les noms de l'Égypte et de la Lombardie se présentent.

Quels sont ceux qui, au contraire, ont perdu de leur fertilité? Ce sont ceux qui laissent couler inutilement l'eau à la mer.

Notre région n'est-elle pas dans ce dernier cas ?

La culture de la vigne a été amenée, dans le principe, parce que des étés très-secs ne nous ont plus permis d'obtenir de beaux produits avec les céréales ?

Si aujourd'hui, par la manière de cultiver la vigne, c'est-à-dire si, poussés par le désir d'obtenir de très-grands produits de la vigne, nous sommes amenés à détruire les haies et tous les obstacles qui existaient dans nos champs, nous n'avons pas le droit de nous étonner si insensiblement nous avons contribué à modifier notre climat ou, pour mieux dire, si nous avons contribué à diminuer l'humidité contenue dans le sol.

Dans la séance de ce soir, 28 octobre, j'ai entendu relater le discours de M. Gaston Bazille, dans lequel il est dit que la majorité est persuadée que le phylloxera est bien la cause réelle de la maladie de la vigne.

Si M. Gaston Bazille, ou tout autre membre du Congrès, est dans le vrai en indiquant, et surtout en prouvant, que la maladie est due à telle ou telle cause, sera-t-il moins dans le vrai quand il saura, ou quand le public saura, qu'il est le seul à être de son avis ?

Il est donc inutile de mettre en avant le mot *majorité;* ce mot ne donne et ne peut donner plus de force à un procédé, si le procédé est réellement bon, c'est-à-dire s'il parvient à sauver la vigne.

Je ne puis également passer sous silence le passage suivant :

« M. Gaston Bazille............................... a insisté sur l'opinion émise par M. Dumas, avec tant de raison, selon nous :

« Les savants qui se sont obstinés, malgré l'*évidence*
» (Quelle est cette évidence ? Nous ne la voyons pas), à
» présenter le phylloxera comme un effet de la maladie,
» *ont causé le plus grand mal à la viticulture française,* en
» retardant les progrès de la science dans les efforts tardifs
» qu'elle a faits pour combattre le fléau dévastateur. »

M. Guérin-Méneville a dit :

« La vigne souffre, et l'insecte arrive. »

Nous ajoutons : « La vigne souffre de la sécheresse; il faut combattre cette sécheresse en donnant à la vigne l'eau qui lui manque. »

Et, pour rendre pratique notre procédé, nous avons deux moyens :

1° Nous n'avons qu'à imiter, dans le midi de la France, les beaux travaux qui ont lieu en Espagne, en Égypte, en Belgique, en Suisse, en Écosse même, et surtout en Italie.

C'est l'Italie que nous devons prendre pour modèle, quand nous voulons conserver la fertilité de notre sol.

Et si, dans toutes nos notes, nous ne cessons de citer l'Italie, c'est que ce beau pays a un climat analogue au nôtre. C'est donc en·Italie que nous devons prendre nos exemples, pour tout ce qui touche à l'agriculture.

Il faut donc construire des canaux et utiliser de notre mieux les eaux courantes.

Pas une goutte d'eau ne doit se perdre inutilement à la mer.

Mais, en dehors de l'utilisation des eaux de nos rivières et de nos fleuves, nous devons utiliser surtout les eaux pluviales.

Pour cela, au lieu de creuser des fossés pour empêcher le phylloxera d'avancer, nous devons au contraire entourer nos vignes par des digues, de manière à conserver le plus long temps possible les eaux pluviales.

Pour rendre plus nettement notre idée, voici ce que nous conseillons et ce que nous avons déjà conseillé, en septembre dernier, à la Société d'agriculture de l'Hérault :

1° Vendanger de très-bonne heure, afin d'obtenir des vins plus fins et plus agréables ;

2° Tout de suite après la vendange, tailler la vigne, non pas d'une manière définitive, mais de manière à pouvoir travailler le sol ;

3° Travailler le sol assez profondément, ou, pour mieux dire, le plus profondément qu'on pourra, même au risque d'enlever quelques racines superficielles et de nuire ainsi à la récolte suivante.

Si nous recommandons d'entrer dans cette voie, c'est afin de ne pas retarder plus longtemps l'entrée de l'eau dans le sol.

4° Entourer les vignes par des digues, pour forcer les eaux pluviales à mieux s'infiltrer dans le sol.

En prenant les précautions que nous venons d'indiquer, nous sommes persuadé que la vigne reprendra sa vigueur et qu'elle résistera beaucoup mieux aux attaques des insectes.

Les cultures d'automne, que nous venons d'indiquer, ne doivent pas nous empêcher de bien soigner et de bien fumer les vignes, ainsi que ne cessent de le recommander MM. Henri et Léon Marès.

M. Planchon a donc eu raison de dire, dans la *Revue des Deux Mondes,* que le phylloxera, ou nouvelle maladie de la vigne, aura peut-être amené un bon résultat en nous forçant à créer et à varier nos récoltes, et en nous forçant aussi à modifier les cultures actuelles.

Je pourrais, mon cher Monsieur Barral, m'étendre beaucoup plus sur ce sujet ; mais il faut reconnaître que ma lettre est déjà bien longue, et il est temps de la finir.

Nous ne devons pas oublier que nous avons dans le congrès des Suisses, un représentant de l'Autriche, et enfin des Italiens, qui n'aiment pas, malgré ce qu'on a pu nous dire dans le temps, qu'on leur fasse de longs discours.

Permettez-moi, en finissant, de regretter que des représentants espagnols n'assistent pas à notre Congrès.

Les Espagnols sont, comme les Italiens, très-forts en agriculture, surtout en ce qui concerne l'emploi des eaux.

Je n'ai été qu'une seule fois dans la belle province de Barcelone, et j'ai été émerveillé de la richesse de ce beau pays.

Mon voyage a eu lieu au mois de juin, et, après un orage, j'ai vu, dans toutes les petites rivières et dans tous les petits cours d'eau, les paysans s'empresser de faire aller dans les champs toutes les eaux qu'ils pouvaient détourner.

En France, nous sommes loin de suivre une semblable

voie ; mais la nouvelle maladie de la vigne va nous forcer à mieux utiliser les eaux qui se perdent.

Veuillez agréer, mon cher Monsieur, l'expression de mes sentiments les plus dévoués.

Jules Maistre.

———∿∿∿———

MONTPELLIER, IMPRIMERIE CENTRALE DU MIDI
(Ricateau, Hamelin et Cᵉ.)

DE L'INFLUENCE

DES FORÊTS

SUR LE CLIMAT

ET LE RÉGIME DES SOURCES

PAR

M. JULES MAISTRE

DE VILLENEUVETTE

MONTPELLIER

IMPRIMERIE CENTRALE DU MIDI

RICATEAU, HAMELIN et Cⁱᵉ

1874

DES FORÊTS

Sur le Climat et le Régime des sources

Après les inondations qui viennent de désoler la plus grande partie de la France, il n'est pas sans utilité de chercher quelle est l'influence des forêts sur le climat et sur le régime des sources.

Cet examen soulève deux questions importantes ; mais, afin de ne pas donner lieu à la moindre équivoque, nous nous empressons de faire remarquer, ainsi que nous l'avons déjà dit dans un autre mémoire, que notre étude s'applique principalement à la région de la Méditerranée et non à l'ensemble d'une vaste contrée.

Si, au contraire, nous examinions la question à un point de vue plus général, peut-être serions-nous amené à dire, avec M. le maréchal Vaillant, et en nous appuyant sur la théorie de Tyndall, que, si une vaste contrée était entièrement boisée, il pleu-

vrait moins souvent que si le sol était en partie boisé
et en partie cultivé ; et cela, parce que la chaleur se
rait moins forte, la température de l'air beaucoup plus
égale et, par conséquent, la pluie plus rare.

Un résultat semblable serait également obtenu
avec d'immenses espaces dépourvus de toute végétation ; seulement, les causes qui l'amèneraient se-
raient diamétralement opposées aux premières.

Dans le premier cas, la pluie arrive plus rarement parce qu'une régularité plus grande existe
dans la température et empêche l'aspiration ou l'ar-
rivée de nouvelles vapeurs ; dans le second cas, au
contraire, la pluie n'a pas lieu parce que le sol, complétement dénudé, s'échauffe beaucoup trop. Dans ces
conditions, l'air aspire bien les vapeurs de l'Océan,
mais elles ne font que passer au-dessus du pays sans
se condenser, et cela, à cause de la haute température du sol.

Ce qu'il faut essentiellement pour donner naissance à des pluies fréquentes et régulières, ce sont
des changements brusques de température, en même
temps qu'une grande humidité dans l'air.

Or, avec des forêts trop vastes, on a toujours une
humidité assez grande et des variations de température peu intenses ; avec un sol trop découvert, au
contraire, les changements de température sont
toujours brusques et l'air peu humide. Ainsi, dans
aucun cas, les pluies ne sont ni fréquentes, ni régulières.

On voit donc que, pour régulariser la pluie, il faut un juste milieu, c'est-à-dire un sol en partie boisé et en partie cultivé.

M. Vallès a signalé, dans un de ses mémoires, que la pluie va en augmentant à mesure que le pays s'élève au-dessus du niveau de la mer. Il est facile d'expliquer cette loi, qui a pourtant quelques excep·tions.

Ainsi, à Rio-de-Janeiro, il pleut très-souvent, et les pluies y sont d'autant plus abondantes que cette ville est complétement entourée de forêts.

Première Question

Les bois, en diminuant la température du sol et, par suite, celle de l'air, maintiennent une humidité plus grande au-dessus du pays où ils existent, attirent ainsi plus souvent les nuages, les condensent et régularisent beaucoup mieux la pluie qu'un sol découvert.

Dans un pays dénudé, il ne pleut presque jamais en été, ou bien la pluie n'arrive alors que par orage, c'est-à-dire par un changement de vent.

Pendant l'été, un sol découvert se chauffe très-rapidement, au point d'atteindre, dans nos contrées, une température de 35 à 40° centigrades ; il en résulte que les couches d'air, en contact avec ce sol, deviennent de plus en plus légères, se soulèvent et entraînent avec elles l'humidité qui s'y trouve. Dans l'espace de quelques jours, tout l'air qui entoure ce pays découvert devient à la fois sec et chaud, et il n'est guère possible que la pluie puisse tomber.

En effet, l'humidité ou, pour mieux dire, les nuages qui arrivent de la mer, pénètrent dans cet air sec et s'y dissolvent sans se réduire en pluie. De plus, la haute température de cet air ne permettant pas aux nuages de rester dans les parties inférieures de l'atmosphère, ceux-ci sont entraînés dans des régions plus élevées, et, dès lors, n'étant plus arrêtés dans leur marche par les montagnes, ils se dispersent au loin sans se condenser.

Dans de semblables conditions atmosphériques, il ne peut y avoir qu'un vent contraire qui, remplissant le rôle d'une chaîne de montagnes ou d'un obstacle plus élevé, puisse arrêter les nuages et les convertir en eau.

Au-dessus des pays boisés il règne, au contraire, une température qui est, dans l'ensemble, plus froide et plus humide, et, par suite, des pluies plus répétées et moins violentes ont lieu dans le courant de l'année.

Ce qui prouve le mieux que l'air des forêts est très-humide, c'est qu'il ne grêle presque jamais au-dessus des grands bois.

Or, pour nous, la grêle ne tombe que lorsque, par un changement de vent ou pour toute autre cause, des nuages très-élevés sont convertis en pluie, Cette eau, en tombant, passe dans des couches d'air inférieures très-sèches, où elle s'évapore au point de se congeler avant de toucher le sol.

D'après ce que nous venons de dire, on voit que les mêmes nuages peuvent donner lieu à la première partie du phénomène, que le pays soit déboisé ou boisé ; seulement, dans ce dernier cas, l'humidité des couches inférieures est si grande que l'évaporation n'est plus assez rapide pour produire la grêle.

Il est, du reste, très-facile de se convaincre, par des expériences directes, que l'humidité est bien plus grande à la surface des forêts que dans un pays découvert. On n'a qu'à prendre une bouteille contenant un litre d'air et la mettre en communication, par un tube en caoutchouc, avec une éprouvette graduée pleine d'eau : si la température de l'air contenu dans la bouteille augmente, cet air se dilatera et passera dans l'éprouvette.

En faisant à la fois deux expériences semblables, l'une à la surface d'un champ, l'autre à la surface d'un bois, ou bien toutes deux dans le sol, à quelques centimètres de profondeur, nous avons reconnu que, pendant l'été, l'air contenu dans la bouteille exposée dans un champ dépourvu de végétation se dilatait d'environ un quart de litre dans l'espace de sept à huit heures, tandis que l'air de la seconde bouteille n'éprouvait presque pas de variations.

Or, si un litre d'air se dilate de 25 p. 100 lorsqu'il est placé dans les conditions que nous venons d'indiquer (conditions qui ne peuvent que gêner la dilatation), à plus forte raison est-il facile de se rendre compte du déplacement d'air qui a lieu ordinairement à la surface du champ, ainsi que de la grande quantité de vapeur d'eau qui est soulevée quand l'air se déplace par l'effet de la chaleur solaire.

En analysant de l'air quelque temps avant la pluie, nous avons reconnu qu'un mètre cube d'air contient 8 grammes de vapeur d'eau, tandis qu'au moment de la pluie cette quantité s'élève à 31.

Mais, pour revenir à l'influence des forêts sur la marche des nuages, examinons ce qui a lieu dans le midi de la France, et en particulier dans le département de l'Hérault; car, en météorologie plus encore que dans toute autre science, il faut éviter d'émettre des lois trop générales.

Notre pays est ordinairement soumis à deux vents principaux : le N.-O., qui est très-sec, et le S.-E., qui est toujours humide.

Si l'on étudie les belles cartes météorologiques de l'Observatoire impérial, on reconnaît que le vent du S.-E. souffle lorsque la pression est basse sur l'Océan, c'est-à-dire du côté de Bordeaux ; le N.-O. domine, au contraire, lorsque la pression est élevée sur l'Océan et basse sur la Méditerranée.

En un mot, le vent va] de la pression haute à la pression basse.

Cependant on observe que le même vent du S.-E., qui donne la pluie en automne et au printemps, n'en donne que très-rarement en été.

Pourquoi cette différence? Elle est facile à expliquer.

En automne, le vent S.-E. parcourt la Méditerranée dans sa plus grande longueur, entraîne avec lui des nuages ou vapeurs qui pénètrent dans un air beaucoup plus frais et plus humide qu'en été, et sont ainsi forcés de rester dans les régions inférieures de l'atmosphère. Ces nuages vont, pour la plupart, contre la chaîne des Cévennes et de la montagne Noire; aussitôt le ciel se couvre, et, généralement, la pluie arrive deux ou trois jours après le changement de vent, c'est-à-dire lorsque tout le pays compris entre les montagnes et la mer est entièrement saturé d'humidité.

En automne, la pluie arrive toujours par saturation.

Rien de semblable n'a lieu en été, et on a d'ordinaire, dans cette saison, ce qu'on appelle vulgairement le marin blanc, c'est-à-dire un vent de mer sans pluie.

Ce vent est sans pluie, parce que les nuages qu'il entraîne traversent un air toujours chaud, s'y dissolvent et sont immédiatement soulevés dans les hautes régions ; dès lors, n'étant plus retenus par les montagnes, ou obstacles *naturels*, ils ne peuvent plus s'amonceler et se résoudre en eau.

Non-seulement les pluies sont rares dans les pays découverts, mais, de plus, ces mêmes pays ont moins souvent du brouillard et des jours nuageux, ainsi

qu'on peut s'en convaincre en comparant les observations météorologiques de la Faculté des sciences
de Montpellier à celles de Lampy. Il en résulte que
l'évaporation du sol est bien plus rapide chez nous
que dans un pays boisé.

D'après ce que nous venons de dire, il est facile de
reconnaître que, malgré les lois générales qui amè-
nent le beau et le mauvais temps (lois ou causes qui
ne peuvent être reconnues à l'avance que par des
observations faites sur l'ensemble de l'Europe), la
pluie est plus ou moins forte dans chaque contrée, et
cela, dans des régions assez rapprochées, selon les
cultures qui recouvrent le sol et selon que le pays
est boisé ou déboisé. D'ailleurs, il ne faut pas perdre
de vue que la vapeur d'eau n'a pas toujours le même
mode de se déplacer que l'air.

Dans le cas particulier qui nous occupe, il convient
de reboiser nos montagnes, parce que c'est, de tous
les moyens, le meilleur pour attirer et arrêter une
plus forte proportion des nuages qui arrivent de
l'Océan et surtout de la Méditerranée.

Et, en même temps, comme moyen plus pratique,
moins coûteux et plus productif, il conviendrait aussi
d'arroser beaucoup plus nos plaines et nos vallées.

En effet, on a remarqué qu'en Lombardie et dans
tous les pays qui s'arrosent, les pluies sont toujours
plus fréquentes.

Le même phénomène a été observé à Marseille,
depuis que les environs de la ville reçoivent les eaux
du canal de la Durance.

Deuxième Question

Les forêts augmentent le volume des sources et régularisent beaucoup mieux le régime des cours d'eau qu'un sol découvert ; de plus, elles contribuent, dans une grande mesure, à diminuer les ravages des inondations.

Pour s'en convaincre, il suffit de comparer deux bassins, l'un boisé, l'autre déboisé, reposant tous deux sur des roches ou sous-sols imperméables, et de voir quel est celui qui fournit le plus d'eau dans le même espace de temps.

Mais, avant d'entreprendre cette étude, examinons d'abord comment agit la pluie en tombant sur le sol. L'eau agit de trois manières différentes dans les fortes pluies :

1° Une première partie de cette eau, n'ayant pas le temps de pénétrer dans le sol, glisse à sa surface et va directement dans les rivières, où elle est incontestablement perdue pour les sources.

2° Une seconde partie s'infiltre dans le sol ; celle-là se divise en deux parts : l'une qui reste dans les couches supérieures et est enlevée par l'évaporation directe du soleil, l'autre qui sert à alimenter la végétation des arbres et des plantes.

3° Enfin, la troisième eau qui tombe continue sa marche dans le sol, selon qu'il est perméable ou imperméable ; elle descend aussi plus ou moins profondément, suivant la nature du terrain et l'épaisseur de la couche végétale qu'elle a à traverser.

C'est principalement cette dernière pluie qui alimente les sources apparentes ou cachées.

Il est incontestable que les forêts augmentent les sources dans une large proportion, en diminuant l'évaporation du sol, qui peut ainsi absorber un volume d'eau plus considérable.

Dans la montagne Noire, et dans beaucoup d'autres localités, on a reconnu que de deux vallées, l'une boisée, l'autre déboisée, la première donne moins d'eau que la seconde, quelques heures après une forte pluie, et que cependant, dans tout le courant de l'année, la surface couverte d'arbres en fournit plus que la surface découverte.

Ce phénomène s'explique sans peine : le sol d'une forêt remplit toujours le rôle d'une immense éponge ou réservoir, parce qu'il est d'abord plus meuble, et qu'il renferme ensuite plus d'humus qu'un terrain dénudé.

L'humus peut absorber au delà de 50 pour 100 d'eau, et les feuilles sèches qui le recouvrent près de 60 pour 100 ; tandis qu'un sol découvert, à moins qu'il ne soit nouvellement et profondément labouré, ne retient guère au delà de 25 pour 100 d'eau, même à son maximum de saturation.

Quant à l'eau enlevée directement par les végétaux, il faut en faire deux parts : l'une sert à la nutrition et au développement de la plante, c'est l'eau d'assimilation ; l'autre est évaporée et rendue à l'atmosphère par le phénomène de la respiration végétale.

Nous ne nous occuperons pas de la première, puisqu'il est reconnu que des surfaces égales en forêts, en froment, en prairies, s'assimilent sensiblement, dans une année, les mêmes quantités d'eau, d'oxygène et d'hydrogène.

La seconde, au contraire, mérite de fixer notre attention. Et comme, d'un autre côté, il est reconnu que l'eau évaporée, c'est-à dire celle qui ne fait que traverser les végétaux, est bien plus considérable chez les plantes que chez les arbres de nos forêts, il ne reste plus qu'à examiner ce que devient cette portion d'eau.

Or, pour nous, cette eau exhalée par les plantes, ainsi que celle que le soleil et le vent soulèvent de la surface de nos champs, est bien plus facilement déplacée et entraînée au loin que celle que les arbres des forêts évaporent, et, par suite, cette même eau est en grande partie perdue pour les sources.

Dans l'ensemble de l'année, la surface d'un champ est plus chaude que celle d'une forêt ; et plus la végétation de ce champ sera lente, plus la chaleur du sol sera élevée et son desséchement rapide.

Une vigne, au contraire, surtout quand sa végétation est vigoureuse, conserve et maintient, dans nos pays, le sol bien plus frais. Aussi peut-on affirmer que, si les plaines de l'Hérault, au lieu d'être

couvertes de vignes, étaient toutes en céréales, la
température de l'été serait bien plus élevée et la sécheresse du sol bien plus grande que ce qu'elles sont
actuellement. La chaleur et le vent sont les deux
causes principales qui font que les plantes demandent, pour vivre, beaucoup plus d'eau que les bois.

Le mode de déplacement produit par le vent est
toujours plus rapide que le premier, parce qu'il agit
sans interruption jour et nuit.

Si, en été, le desséchemeut du sol est très-consi-
dérable, c'est que les deux causes agissent simulta-
nément.

En été, le sol s'échauffe, l'air saturé d'humidité
s'élève, et, une fois soulevé verticalement, cet air est
déplacé horizontalement par le vent. Dans une forêt,
rien de semblable n'a lieu avec la même intensité;
le vent ne s'y fait presque pas sentir, et il en résulte
que le sol est constamment protégé par une couche
d'air humide qui a 6, 8 et 10 mètres même d'élévation.

Dans un milieu semblable, chaque plante ou chaque
arbre consomme beaucoup moins d'eau que s'il était
isolé et exposé, de tous les côtés, au vent et au soleil,
ainsi que cela arrive malheureusement dans la plupart des bois du Midi.

Pour nous en convaincre, nous avons pris quatre
vases, dont deux contenaient des plantes et les deux
autres de la terre humide seulement. Une des deux
plantes, exposée à l'air, a perdu, par l'évaporation,

beaucoup plus d'eau que celle qui était sous des arbres.

Mais, pour se rendre compte d'une manière aussi exacte que possible du rôle des forêts sur les sources, il faut comparer, ainsi que nous l'avons déjà dit, deux bassins, l'un boisé, l'autre déboisé, et voir quel est celui qui fournit la plus grande quantité d'eau dans le courant de l'année.

Nous avons pris pour types deux bassins reposant tous deux sur des roches imperméables. Le premier est le bassin boisé de Lampy, situé dans la montagne Noire (Aude), dont les eaux, provenant d'une surface d'environ 779 hectares, sont recueillies dans un vaste réservoir et contribuent à l'alimentation du canal du Midi.

Les observations pluviométriques et les jaugeages faits, deux fois par jour, au réservoir de Lampy, permettent de constater que le ruisseau de ce nom débite annuellement beaucoup plus d'eau qu'un bassin déboisé placé dans les mêmes conditions, soit une moyenne de 110 litres d'eau par seconde.

Le second bassin est celui de Salagou, situé dans les montagnes arides de la rive droite de l'Hérault, dont la surface, de près de 6,786 hectares, c'est-à-dire près de neuf *fois* plus grande que celle de Lampy, ne donne cependant, en été, que 10 à 12 litres d'eau par seconde.

Des expériences, dont un tableau se trouve ci-après, répétées pendant dix-huit mois, nous ont prouvé que la température de la surface d'un champ dépasse au moins de 10 degrés celle d'un bois, et à plus forte raison celle d'une forêt.

Malheureusement, la plupart des bois ne sont pas très-épais ; aussi sont-ils loin de rafraîchir l'air qui est au-dessus d'eux, dans une proportion aussi forte que le ferait une forêt dont les arbres sont ordinairement très-élevés et touffus ; de plus, le sol d'une forêt est toujours recouvert d'une couche très-épaisse d'humus et de feuilles, et ces deux causes réunies sont très-favorables à la conservation de l'humidité.

Et c'est précisément parce que les bois du Midi sont en général peu épais, et qu'ils ne sont presque pas recouverts de feuilles, qu'ils exercent sur la marche des nuages et sur l'ensemble de la température des effets moins favorables que ceux d'une surface recouverte de forêts.

Il est même probable que des arbres écartés les uns des autres, ou plus ou moins isolés, n'ayant à leur base que très-peu d'humus, contribuent beaucoup plus à dessécher le sol qu'une surface en prairie.

Expériences sur la température de différents sols

8 juin 1866, à 4 heures 1/2 du soir

Thermomètre exposé au soleil dans un champ, température.......... 50 degrés.

Thermomètre à 3 c. de prof. sous le sol, 47°

— à 3 c. de prof. à l'ombre, dans une prairie..... 23°

— à 3 c. de prof. dans une vigne.............. 33°

9 juin, à 4 heures 1/2 du soir

Thermomètre exposé dans un champ labouré, à 3 cent. de prof........... 45°

10 juin

Thermomètre exposé à 3 centimètres de prof., dans un champ labouré depuis quelques jours, et par conséquent sans végétation :

Température de ce sol à 2 h. du soir.. 45°
id. à 5 h. du soir........ 47°
id. à 8 h. 1/2 du soir...... 32°

11 juin

Temp. champ, à 6 h. du matin........ 24° 1/2
id. id. à 4 h. du soir......... 47°

12 juin

Temp. champ, à 4 h. du soir.......... 43°
id. id. à 6 h. du soir........ 45°

13 juin

(Temps couvert), temp. à 7 h 1/2 du m. 32°
(Après la pluie), id. à 7 h. 1/2 du s.. 23°

2

11 juin, à 5 heures du soir

Thermomètre placé à 3 centimèt. de prof.,
  dans une vigne, temp.... 30°
— dans un champ, id...... 45°

25 juin, à 5 heures 1/2 du matin

Thermomètre placé à la surface d'un
  champ, température 16°
— tempér. de l'air à l'ombre 16°
Thermomètre placé à 12 cent. de profond.
  (champ), température 20°
— à 3 c. de prof. (vigne),   id.   18°
— à la surface d'une prairie, id.   15°
— à la surf. d'un bois.   id.   16°
— à 3 cent. de prof.,   id.   16°
— dans un champ exposé
  au soleil, à 4 h. du soir, id.   47°

Même jour, à 8 heures du soir

Thermomètre placé à la surface d'un
  champ, température.. 23°
— à 3 c. de prof. (champ), id.   28°
— à 3 c. de prof. (vigne), id.   25°
— à la surf. d'une prairie, id.   19°
— à 3 c. de prof. (prairie), id.   21°
— à la surf. d'un bois,   id.   20°
— à 3 c. de prof. (bois),   id.   20°

Thermomètre placé à 3 c. de prof.

dans un terrain décou-
vert exposé au soleil
toute la journée, température 31º

24 juin, 9 heures 1/2 du matin

Thermomètre exposé à l'ombre des arbres,
température, 24º
— à la même heure au
soleil, id. 29º

La température de la surface d'un bois très-épais
ne dépasse pas, aux plus fortes chaleurs, 22 degrés ;
tandis que celle de la surface d'un champ s'élève
souvent, à cette époque, à plus de 45 degrés.

Et c'est précisément cette chaleur qu'acquiert le
sol d'un champ pendant l'été qui fait que la végétation est très-active ; mais aussi cette végétation,
pour se maintenir, exige-t-elle une plus grande dé-
pense d'eau.

Le vent contribue plus encore que la chaleur à
enlever au sol l'humidité qu'il contient. Dans une
forêt, le vent ne se fait presque pas sentir ; il n'en est
pas de même dans un champ ou dans une vigne, dont
la surface n'est souvent protégée que par une végétation de 30 à 40 centimètres, ou tout au plus de
1 mètre à 1 mètre 50 de hauteur.

Dans la région de la Méditerranée, presque immédiatement après la pluie, le vent du N.-O. souffle ;

ce vent est très-violent et très-sec, et son passage
suffit pour enlever beaucoup plus d'eau que ne le fait
la chaleur directe.

Du 20 mars au 3 avril, le vent du N.-O. a enlevé,
par évaporation, une couche d'eau de plus de 8 centimètres d'épaisseur.

BASSIN DE LAMPY

Le bassin de Lampy repose sur des roches imperméables, le granit et le quartz Ces roches sont
recouvertes par une couche de terre d'environ 60
à 70 centimètres, très-riche en humus et très-meu-
ble, qui permet aux eaux pluviales de s'infiltrer et
de se rendre lentement dans les thalwegs, tout en
conservant leur limpidité.

Ce qui prouve que les eaux de Lampy sont très-
limpides, c'est que, depuis sa création (il y a de cela
plus de quatre-vingts ans), le réservoir de Lampy-
Neuf n'a nécessité que très-peu de recreusement.

Un réservoir semblable, établi dans la vallée de
Salagou, serait rempli de sable et de gravier après
deux ou trois fortes inondations.

Les cultures du bassin sont réparties de la manière suivante :

Forêt de Ramondens, apparte-   Futaies. 120 h.
      nant à l'État   Taillis.. 310

                   A reporter   430

		Report	430 h.
Terrains divers	{	Bois....	60
		Ajoncs..	200
		Prairies.	30
		Champs.	59
		Total...	779 h.

Dans toutes les parties qui ne sont pas boisées ou labourées, le sol est recouvert d'ajoncs et de prairies. La roche est rarement à nu. Les versants, quelque rapides qu'ils soient sur plusieurs points, ne présentent aucune de ces ravines profondes, pareilles à celles qui attristent le plus souvent le regard dans les montagnes déboisées du Midi.

Pour être plus précis, hâtons-nous de dire que toute l'eau débitée par le ruisseau de Lampy et ses affluents est obligée de se rendre dans le réservoir de ce même nom, parce que ce dernier est formé par une digue qui ferme entièrement l'entrée de la vallée. Et cette eau, une fois entrée dans le bassin, ne peut plus en sortir que par les vannes de décharge. Aussi, grâce à cette disposition, il est facile d'apprécier exactement la quantité totale d'eau qui est fournie par le Lampy.

Pour rendre cette étude complète, il faudrait connaître parfaitement quelle est la quantité de pluie totale reçue par tous les versants. Or cette question est plus délicate, et, tant qu'un grand nombre de pluviomètres ne seront pas placés à différentes hauteurs, il sera impossible de la résoudre d'une manière satisfaisante.

La quantité de pluie qui tombe dans un pays va en augmentant à mesure que le sol s'élève ; d'après cela, il est incontestable que le pluviomètre du réservoir de Lampy-Neuf, n'étant qu'à 614 mètres au-dessus du niveau de la mer, doit recevoir moins d'eau que les versants supérieurs, dont quelques-uns ont près de mille mètres de hauteur. Et, en effet, des expériences récentes, faites en novembre et décembre 1866 et pendant les deux premiers mois de cette année, ont prouvé que cette théorie se vérifie dans le bassin de Lampy.

Observations pluviométriques en 1867.

PLUVIOMÈTRE DE LAMPY, à 614 mètres.	PLUVIOMÈTRE du BOIS de LAMPY, à 750 mètres.
JANVIER	
0,^{m} 0650	0,^{m} 0900
FÉVRIER	
0,^{m} 1425	0,^{m} 1600

Mais admettons, pour quelques instants, que la quantité d'eau tombée sur les 779 hectares soit partout la même : nous verrons plus tard que, si nous

nous éloignons de la réalité au point de vue de l'eau tombée, par contre, la quantité d'eau emmagasinée par la forêt, pendant de gros orages, sera bien plus considérable que celle que nous avons déjà indiquée dans une première note.

En 1864, il est tombé dans le pluviomètre de Lampy-Neuf 1 mèt. 0519 d'eau, soit, pour les 779 hect., 8,194,000 mètres cubes.

Voilà la quantité d'eau tombée. Examinons maintenant celle qui s'est rendue et qui a été forcément obligée de traverser dans le même espace de temps le réservoir de Lampy.

Ce réservoir a une surface de 24 hectares et contient, quand il est plein, c'est-à-dire à la cote de 15 mètres 67 cent., 1,672,823 mètres cubes ; sa plus grande hauteur d'eau, contre la digue qui ferme entièrement la partie inférieure de la vallée, est alors de 15 m. 65.

Nous avons répété exprès que la digue ferme entièrement la vallée, afin qu'il soit bien constaté que, quand les vannes inférieures sont fermées, l'eau ne peut sortir et n'a d'autres issues que par les vannes supérieures, qui sont sous la surveillance directe du garde-canal.

Nous devons même ajouter, pour répondre à une objection de M. Vallés, qu'il n'existe pas de rigole à flanc de coteau au-dessus du réservoir de Lampy-Neuf.

Le seul grand épanchoir, pour se prémunir contre

les grands amoncellements de liquide, est plus élevé
de 60 à 80 centimètres que les vannes de décharge
situées dans la partie supérieure de la digue, et cet
épanchoir ne fonctionne que quand le vent du S.-E.
est extrêmement violent. C'est seulement dans ce
cas que l'épanchoir laisse passer de l'eau au-dessus
de lui.

Quant aux eaux du Lampy, elles se rendent naturellement et directement dans le réservoir par le
lit naturel du ruisseau, et il faudrait une inondation
bien forte, et comme on n'en a jamais vu, pour que la
vanne supérieure de décharge fût insuffisante pour
que l'épanchoir, qui est plus élevé de plusieurs centimètres, fût obligé de servir.

C'est ce qui n'a pas encore eu lieu.

Dans tout le courant de l'année 1864, il est sorti
du réservoir 3,647,615 m. c. d'eau ; mais, comme
au 1er janvier 1865 le réservoir n'avait qu'une hauteur d'eau de 13 m. 72, soit 1,250,400 mètres cubes, et qu'à la fin de décembre 1864 il était plein
(à la cote de 15 m. 65) et contenait 1,672,823 m.
cub., il faut ajouter aux 3,647,615 m. cubes les
422,423 m. cubes qui ont servi à remplir, à la fin
de l'année 1864, le vide qui existait au commencement de cette même année.

On a donc un total de 4,060,038 m. cubes, qui représente toute l'eau fournie par le ruisseau de Lampy
en 1864.

Et, en admettant qu'il soit tombé, ainsi que nous

l'avons déjà dit, 1 m. 0519 sur les 779 hect., on voit que le ruisseau a débité, en 1864, environ la moitié de l'eau pluviale tombée.

Examinons maintenant de quelle manière agit une forte pluie sur la surface boisée de Lampy.

Si nous disons boisée, quoique tous les versants ne le soient pas entièrement, c'est que, à part une très-petite partie de terre labourable, le terrain est recouvert d'ajoncs ou de prairies qui empêchent le sol de s'échauffer et entretiennent ainsi une humidité constante.

Du 28 au 29 juillet 1863, il est tombé, en deux orages, un prisme d'eau de 0 m. 083, ce qui donne, pour les 779 hectares, 646,570 mètres cubes.

Le niveau de l'eau, avant la pluie, était à la cote de 15 m. 65 ; par conséquent le réservoir était plein, et le garde-canal a constaté que, par la vanne supérieure de décharge, la seule ouverte, et (afin de ne pas donner lieu à la moindre équivoque) la seule par où l'eau pouvait s'échapper, il sortait 3,936 mètres cubes d'eau par jour, soit 45 litres par seconde.

D'après ce que nous venons de dire, ces 45 litres représentent le débit naturel du ruisseau avant la pluie, puisque le réservoir est plein et que son niveau reste constant et sert seulement de passage à l'entrée et à la sortie des 45 litres.

Après la pluie, le débit augmente le niveau d'eau du bassin, se relève de 20 centimètres, et il sort toujours par la vanne supérieure, la seule qui donne passage à l'eau.

MATIN...

SOIR.....

Le 29 juillet 1863... 30,504 m. c.

MATIN...

SOIR.....

Le 30   id........ 28,864 m. c.

MATIN...

SOIR.....

Le 31   id........ 7,872 m. c.

MATIN... Le 1ᵉʳ août........ 7,872 m. c.

SOIR..... Le 2   id......... 4,920 m. c.

Total dans 5 jours.... 80,032 m. c.

Inutile de dire qu'a la fin du 5ᵐᵉ jour le bassin, qui est resté constamment plein, a repris sa cote de 15 m. 65.

Le 3 août, le débit redevint tel qu'il était avant les deux orages, c'est-à-dire à 3,936 m. cubes, et il se maintint à ce dernier chiffre pendant les mois d'août, septembre et octobre 1863.

Si de 80,032ᵐ cubes, débit des cinq jours, on déduit la quantité d'eau qui se serait écoulée naturellement si la pluie n'était pas tombée, soit, à raison de 3,936ᵐ cubes par jour, un total de 19,680ᵐ cubes, il reste 60,352ᵐ cubes qui sont incontestablement l'eau fournie par les deux orages.

Ces 60,000 mètres cubes représentent seulement la 10me partie de l'eau tombée.

Les 9/10mes qui restent ont été absorbés par le sol.

(D'après la théorie, et en réalité, il est tombé beaucoup plus d'eau sur les versants supérieurs du bassin.)

Enfin, le 23 septembre de l'année 1866, le réservoir de Lampy-Neuf était à la cote de 15^m 65, et il sortait par jour 4,000^m cubes.

Le 23 et le 25 septembre, il est tombé près de 0^m 10e d'eau de hauteur, ce qui représente, pour les 779 hect., environ 779,000^m cubes, et il ne sort pendant les 24, 25 et 26 septembre, que 143,000^m cubes, soit seulement le 1/5 de l'eau tombée.

En étudiant le bassin déboisé de SALAGOU, nous reconnaîtrons qu'après un orage aussi violent que celui du 29 juillet 1863, c'est l'opposé qui a lieu, c'est-à-dire que la plus grande partie de l'eau se rend à la rivière dans l'espace de quelques heures et, par suite, le sol en conserve très-peu pour alimenter les sources.

Troisième Observation faite à Lampy en 1866

EAU TOMBÉE dans 17 jours.. 1,190,000
EAU SORTIE   id...... 380,000

On nous fera peut-être remarquer que, jusqu'ici, nous n'avons pas indiqué la hauteur exacte des montagnes qui dominent et entourent le bassin de Lampy.

Cette hauteur est d'environ 1,000^m, et celle du réservoir d'environ 614^m.

D'après la théorie, il est incontestable que plus les versants d'un bassin sont élevés, et plus la quantité d'eau que reçoivent ces versants est considérable. Il en résulte que la quantité d'eau qui tombe dans l'ensemble du bassin est plus grande que celle qui est constatée au pluviomètre de Lampy-Neuf, puisque celui-ci est à la partie inférieure.

Dès lors, nous pouvons tirer cette conclusion, que l'eau emmagasinée par le sol de la forêt est encore plus considérable que celle que nous venons d'indiquer.

BASSIN DE SALAGOU

Nous avons pris pour second type le bassin de Salagou, parce qu'il repose presque en entier sur une roche imperméable; seulement cette roche, au lieu d'être le granit, comme celle qui domine à Lampy, est le permien, ou pierre morte des Allemands.

Dans le pays, cette roche s'appelle *ruffes*, probablement à cause de sa couleur rouge caractéristique.

Le bassin, dans la partie que nous étudions, c'est-à-dire en amont de la route impériale de Clermont à Lodève, est formée d'une vallée assez longue et de

plusieurs gorges secondaires, dominées par des montagnes de 4 à 600ᵐ d'élévation.

Les cultures sont réparties de la manière suivante :

Bois	678	hect.
Garrigues . .	4,424	—
Champs	1,454	—
Vignes	200	—
Prairies	30	—
Total	6,786	hect.

Toutes les pentes et presque toutes les montagnes
ont été déboisées et mises en culture; mais, dans l'espace de quelques années, les eaux ont entraîné une
partie de la terre végétale, et aujourd'hui celle qui
reste n'a pas une épaisseur suffisante pour donner de
belles récoltes.

Pour mieux faire connaître la composition de ce
pays, nous dirons que quelques pics et plateaux basal-
tiques, d'une hauteur d'environ 300 mètres, appa-
raissent sur ce terrain.

La formation jurassique, qui est supérieure au permien, n'existe, sur une bande très-étroite, que dans
la partie S.-E. et vers la limite extérieure du bassin.

Nous voilà donc en présence de deux bassins reposant, tous les deux, sur des roches imperméables;
seulement, le premier (celui de Lampy) a des sources
nombreuses qui sortent de chaque thalweg au pli du
sol ; l'autre (celui de Salagou) n'en a pas une seule
importante dans toute la surface qui repose sur le

permien. Les seules qui existent prennent naissance dans l'étroite bande jurassique dont nous venons de parler.

Pourquoi cette différence entre les deux bassins ?

Elle est facile à expliquer.

Le premier est boisé ; par suite, toutes les pentes sont recouvertes d'une couche de terre végétale assez épaisse pour permettre aux eaux pluviales d'être facilement emmagasinées au moment où elles tombent, et de couler lentement dans les thalwegs qui alimentent les sources.

L'autre bassin, au contraire, est déboisé, la roche est à nu, et, là où existe de la terre végétale, cette terre n'a plus une épaisseur suffisante pour absorber toutes les eaux fournies par chaque forte pluie. D'ailleurs cette terre, par cela même qu'elle renferme moins de feuilles et surtout moins d'humus, est loin de pouvoir absorber dans un court espace de temps, et de retenir à volume égal, une aussi grande quantité d'eau que la terre de Lampy.

Le fait que nous avançons est prouvé par l'expérience.

Aussi ce dernier bassin est exposé à la fois à de grandes sécheresses et à de grandes inondations.

Nous avons vu qu'après un orage assez violent, le sol de Lampy retient environ les 8/9 de l'eau ; à Salagou, au contraire, la plus grande partie de l'eau d'une forte pluie se rend presque immédiatement à la rivière.

Le sol de ce bassin absorbant et retenant peu d'eau, toute celle qui est en excès forme de petits torrents qui, n'étant plus retardés dans leur marche par des racines ou par des arbres, ravinent et entraînent constamment les terres en pente ; cette cause de détérioration va sans cesse en augmentant, et il n'est que trop vrai de dire que l'ensemble de ce terrain craignait beaucoup moins la sécheresse et donnait de plus belles récoltes, il y a trente ou quarante ans, qu'aujourd'hui.

Et ce qui n'est que trop réel aussi, c'est que cette surface de 6,400 hectares ne donne en été que le faible débit de 20 à 25 litres par seconde.

Il n'existe pas un seul pluviomètre dans la vallée de Salagou, il n'est donc pas possible de connaître exactement la quantité de pluie qui y tombe ; mais nous savons, par les calculs faits par M. Trassy, agent voyer à Lodève, que le débit s'est élevé à plus de 600 mètres cubes à la seconde, pendant l'orage du 29 octobre 1860.

Le tableau ci-dessous prouve que cette inondation n'est pas malheureusement la seule qu'on puisse citer dans les bassins déboisés.

BASSINS	ORAGE du 29 octobre 1869	ORAGE du 2 octobre 1860
Salagou	6,400 hect. 650 m. c. par seconde.	... m. cubes
Rhônel	500 — 150 —	106 m. cubes
Dourbie	1,800 — 450 —	356 m. cubes
Boigne	2,000 — 700 —	... —

Le 29 octobre 1860, le débit de l'Hérault était, au moment de la forte crue, d'environ 4,000 m. cubes à la seconde. Cette énorme masse d'eau était fournie par quelques affluents de la rive droite de l'Hérault, tels que le Salagou, le Rhônel, la Dourbie, etc.

D'après M. Duponchel, ingénieur des ponts et chaussées, le bassin de Rhônel, qui n'a que 500 hectares en amont de la ville de Clermont, a donné, à lui seul, 150 m. cubes à la seconde, ce qui correspond à 300 litres par seconde et par hectare.

Pour apprécier la manière dont l'eau agit à la surface du sol, il faut comparer deux terres reposant toutes les deux sur des roches imperméables (si les roches sont perméables, la comparaison est impossible, parce qu'alors les thalwegs cachés ne marchent pas toujours parallèlement aux thalwegs apparents ; d'ailleurs, les eaux inférieures peuvent sortir à des niveaux très-bas, dès lors elles sont perdues pour l'observateur), mais dont l'une est exposée au grand air et l'autre sous un bois ou une forêt, et voir quelle est celle qui perd le plus l'humidité dans le même espace de temps.

Or, des expériences répétées pendant plus d'une année prouvent que, dans la région du Midi (la seule dont nous nous occupons), la terre qui est sous les arbres est mieux disposée à recevoir et à conserver de la pluie que celle d'un champ ou garrigue qui est exposée au soleil et au vent.

Voici le résultat de nos expériences :

Le 30 septembre 1863, après une sécheresse de trois mois, nous avons pris de la terre à la surface d'un champ situé dans la vallée de la Dourbie : la terre qui était exposée au soleil ne contenait que $2\,^0/_0$ d'eau, et celle qui était à peu de distance de la première, mais à l'ombre, renfermait 3 p. $^0/_0$ d'eau.

A peu près à la même époque, de la terre prise à la surface d'une vigne a donné..................... 9 p. $^0/_0$ —

A 0 m. 28 cent. de profondeur, elle contenait................. 1 1/2 $^0/_0$ —

Tandis que, dans une garrigue située à côté de la vigne, la terre de la surface ne contenait que......... 1/2 $^0/_0$ —

Deux heures après l'orage qui a eu lieu à Villeneuvette, le 2 octobre 1865, nous avons fait prendre de la terre à la surface du champ du bassin de la Dourbie, et nous avons reconnu que cette terre contenait...................... 19 p. $^0/_0$ d'eau.

La même expérience faite à la surface d'un bois, mais dans une

partie où le sol n'était pas couvert
de feuilles, a donné............. 22 p. $^0/_0$ d'eau

Le 3 octobre, la surface du champ
contenait................ 19 p. $^0/_0$ —

Le 5 octobre, surface du champ. 15,4 $^0/_0$ —

Id.   id. à 40 c. de prof. 14,4 $^0/_0$ —

Le 6 octobre, après une nouvelle
pluie de 0 m. 02 cent., la terre de
la surface. .... 17,4 $^0/_0$ —

Le 8 octobre............. 17,2 $^0/_0$ —

Le 8 octobre, deux essais faits
avec de la terre retirée de la surface d'un bois ont donné :

Le premier............ 24,5 $^0/_0$ —

Le second............ 23,4 $^0/_0$ —

Le même jour, les feuilles qui
étaient au-dessus de la terre des
deux essais ci-dessus contenaient... 58,2 $^0/_0$ —

Le 9 octobre, pendant que la terre
du bois renfermait à sa surface de
23 à 24 p. $^0/_0$ d'eau, la terre de la
surface d'une garrigue, c'est-à-dire
d'un terrain aride, contenait...... 15 p. $^0/_0$ —

Le 10 octobre, surface champ.. 16,8 $^0/_0$ —

Id.   id.   vigne .. 16 p. $^0/_0$ —

Id.   id.   garrigue 13,7 $^0/_0$ —

12 octobre

De la terre prise dans un bois et
sous des feuilles............... 26,5 % d'eau.

Id. dans un bois, mais à 0 m. 23
de profondeur................. 15 p. % —

Dans une garrigue à peu de distance du bois, surface.......... 13,5 % —

à 0 m. 20 c. prof... 16,5 % —

15 octobre

Terre d'un champ labouré..... 16 p. % —
Partie non labourée.......... 16,6 % —

BASSIN DE SALAGOU

15 octobre

Terres des ruffes, surface d'un sol in-
culte et en pente.................... 3 p. %

Terre des ruffes dans une partie en plaine
et à 0 m. 03 c. de profondeur........... 8 p. %

BASSIN DE LA DOURBIE

16 octobre

1° Terre de mourèze prise à la surface d'un terrain
en plaine, poids............... 300 grammes.

Après séchage............... 296 —

Perte..... 004 grammes.
Soit................. 1,33 %

2° Essai dans ce terrain, à 40° de prof..   3 p. %

3° Sable pris à la surface d'une roche dolomitique.....................   1 1/2 %

4° Terre champ qui a servi à nos premières expériences.................   14,8 %

Depuis cette époque, nous avons continué nos expériences d'une manière suivie pendant plus d'un an, ainsi que l'indique le tableau ci-après, et constamment nous avons reconnu que l'évaporation du sol se fait plus vite à l'air libre qu'à l'abri d'un bois et surtout d'une forêt.

Mais, comme il serait trop long de citer tous nos essais, nous pensons que la preuve la meilleure pour établir l'heureuse influence des forêts sur les sources est celle-ci :

Que faut-il, d'après M. l'abbé Paramelle, pour qu'une source un peu considérable existe ?

Il faut que sur une roche, ou couche imperméable, repose une couche assez épaisse de terre.

Et on comprend, en effet, que ce sont là les deux conditions les plus essentielles.

La couche imperméable retient les eaux qui se sont infiltrées dans la terre qui est au-dessus ; sans cette couche, les eaux pourraient descendre à de très-grandes profondeurs et être en partie perdues pour les thalwegs apparents.

Quant à la terre, il la faut assez épaisse pour pouvoir emmagasiner toute l'eau, ou la presque totalité de l'eau fournie par chaque pluie. Si la couche a peu d'épaisseur, la masse entière est plus vite saturée d'humidité, et toute celle qui est en excédant se rend à la rivière : mais elle s'y rend trop vite, donne lieu à de fortes crues ou à des inondations, et, dans tous les cas, cette eau est entièrement perdue pour les sources.

Dans les parties en pente et déboisées qui entourent les bords de la Méditerranée, la couche de terre est loin d'avoir l'épaisseur qu'elle avait il y a deux ou trois cents ans.

Aussi n'est-il pas rare de voir des montagnes du Midi entièrement arides, où la roche est à nu; et, là où existe de la terre végétale, cette terre n'a le plus souvent qu'une épaisseur moyenne de 20 à 30 cent.

Mais, même en admettant que l'épaisseur moyenne soit de 50 cent., que le sous-sol soit imperméable et que chaque décimètre cube de terre puisse absorber 373 grammes d'eau, ce qui représente 20 p. 100 dans de semblables conditions, ce terrain ne pourrait jamais retenir, pendant un orage, au delà d'une tranche d'eau de 0^m 20 cent.

En réalité, cette absorption est de quatre fois moindre dans le bassin de la Dourbie.

Et nous avons reconnu, par des observations suivies pendant plusieurs années, qu'une pluie de 4 à 5 cent., tombant dans quelques heures, suffit pour amener une inondation et rendre l'eau de la rivière chargée de terre et de limon.

Il ne nous a pas été possible de faire des expérience aussi suivies dans le bassin de Salagou, qui touche celui de la Dourbie ; mais, comme les terres qui recouvrent les versants de ce bassin ont en général moins d'épaisseur, et que, de plus, la roche qui forme le sous-sol est imperméable, tandis que la plupart des roches de la Dourbie ne le sont pas, nous sommes persuadés qu'il n'est pas nécessaire d'une pluie de 0 m. 04 cent., tombant dans un espace de six à huit heures, pour amener une inondation.

Ainsi, le 4 décembre 1865, une pluie de moins de 2 centimètres, tombée de neuf heures du matin à deux heures du soir, a suffi pour faire grossir le Salagou, rendre les eaux troubles et convertir en petits ruisseaux presque tous les plis ou thalwegs formés par les ondulations de la plaine et des parties en pente. Cependant la même pluie, tombée au même instant dans la vallée de Lergue et dans celle de la Dourbie, n'a pas fait changer sensiblement le régime de ces deux rivières.

A une heure, au moment de la pluie, nous traversions la plaine de Salagou ; de la terre prise dans le fond d'un ravin, par conséquent sous l'eau, contenait.... .... 23,5 % d'eau.

Dans une vigne en plaine, située à côté et dans une partie imbibée d'eau, la perte a été de ... 18 p. % —

Deux jours après, la perte de la terre prise dans la position du premier essai a été de............ 10 p. % —

Et celle de la vigne de. . . . . . 12,8 % d'eau

Si nous comparons ce bassin avec celui de Lampy, nous voyons :

1° Que le premier absorbe beaucoup moins d'eau pendant un orage ;

2° Qu'une partie de l'eau absorbée est plus vite enlevée par l'évaporation directe que dans celui de Lampy.

Afin de rendre sensible la différence qui existe entre les deux bassins, nous dirons que, quelques jours après un orage, les feuilles qui recouvrent le sol d'une forêt peuvent retenir de . . . . 50 à 60 % d'eau.

Et la surface de la terre d'une forêt, de. . . . . 30 à 33 % —

La terre d'un bois, de . . . . 18 à 20 % —

Tandis qu'au même instant, le sol dénudé d'une montagne ou d'une garrigue ne contiendra à sa surface que. . . . . . . 12 à 15 % —

et souvent même une quantité moindre ; car, plus la couche de terre a peu d'épaisseur, plus vite sa température augmente, et plus vite aussi elle perd l'eau par l'évaporation.

Nous avons fait, à ce sujet, des observations répétées pendant plus d'une année, et nous avons reconnu que le sol du Salagou se dessèche, dans l'ensemble, plus vite que celui de Lampy.

Mais, d'ailleurs, pendant qu'un sol découvert se

dessèche très-rapidement à sa surface, ainsi que le prouve le tableau ci-après, ce même sol ne peut absorber et retenir une aussi forte proportion d'eau, à cause de sa nature et de son peu d'épaisseur, et nous avons déjà dit qu'il avait moins d'épaisseur parce que l'absence des arbres empêche la terre de se maintenir sur les pentes.

Comme suite inévitable de cet état, un terrain dénudé, reposant sur une roche imperméable, aura des sources peu abondantes et très-éloignées les unes des autres.

De plus, cette diminution de la couche de terre sur des pentes donne lieu, pendant l'été, à des sécheresses désastreuses, et, pendant les forts orages, à de grandes inondations ; et le mal que nous signalons, et qui provient uniquement de l'absence d'arbres, augmente malheureusement chaque année.

RÉSUMÉ ET CONCLUSIONS

Les forêts augmentent le volume des sources, attirent plus souvent les nuages qu'un pays découvert, donnent lieu à des pluies plus fréquentes, et cela par des motifs énumérés ci-après :

1° La terre qui est sous les arbres est riche en humus, et l'expérience démontre que cette terre a la propriété d'absorber beaucoup plus d'eau qu'une terre moins riche.

2° Cette eau, une fois absorbée, est plus difficilement enlevée par l'évaporation que celle qui est contenue dans une terre plus pauvre. D'ailleurs, en exposant deux terres de même nature à la même source de chaleur, celle qui sera plus humide s'échauffera plus difficilement que celle qui est plus sèche ; par conséquent, à chaleur égale, cette dernière perdra plus facilement le peu d'humidité qu'elle renferme.

3° Sous une forêt, le vent se fait peu sentir ; de là une autre cause de diminution très-notable dans l'évaporation.

Dans le Midi, les cours d'eau diminuent, non-seulement quand la chaleur augmente, mais surtout quand le vent du N. ou du N.-O. souffle.

Le 15 décembre 1865, par un froid de 4 à 5 degrés, nous avons exposé de la terre mouillée au vent du N. et à l'ombre : la perte a été de 19 pour 100 dans l'espace de huit heures.

4° Mais le fait sur lequel nous devons le plus insister est celui-ci : c'est que les forêts reçoivent les plus fortes pluies en automne, en hiver et au printemps, c'est-à-dire à des époques où les arbres ne demandent presque pas d'eau pour vivre.

Ainsi, tandis que nous voyons les plus fortes inondations avoir lieu en automne dans les montagnes sèches du Midi, les montagnes boisées, au contraire, donnent généralement moins d'eau au commencement de l'automne qu'en été, parce qu'à cette époque les feuilles sèches, non-seulement recouvrent le sol et absorbent environ 60 $\%$ d'eau, mais elles occupent surtout les parties basses et les ruisseaux, et, en retardant la marche des eaux, les forcent à s'infiltrer dans le sol.

Il en résulte que de plus fortes quantités d'eau sont forcément absorbées à cette époque par les parties boisées ; et, lorsque de nouvelles pluies tombent, la première eau qui était déjà dans le sol s'infiltre de plus en plus pour venir alimenter les sources, et, de proche en proche, le même phénomène a lieu jusqu'au printemps.

De plus, il est incontestable que toute l'eau qui est évaporée pas les arbres, au printemps et l'été, ne saurait égaler celle qui est enlevée directement par l'évaporation, lorsque le sol est entièrement aride ou recouvert d'une végétation plus ou moins active.

Notre appréciation est entièrement confirmée par le fait suivant, cité par M. BELGRAND : « Les pluies qui tombent dans le bassin de la Seine, du mois de juin au mois de novembre, n'augmentent pas le régime des cours d'eau. »

Une pluie qui tombe vers la fin du printemps ou en été, c'est-à-dire dans un terrain déjà sec, est ab-

sorbée seulement par la couche de terre de la surface, et est bientôt évaporée avant d'avoir le temps
de pénétrer dans les couches inférieures du sol, et,
par suite, elle ne peut pas contribuer à l'alimentation
des sources.

L'eau, comme tout corps qui tombe, a une tendance à descendre dans l'intérieur de la terre ; mais
en même temps cette eau est soumise à l'évaporation,
ou sollicitée par elle, et nous avons dit que l'évaporation est presque nulle à la surface d'une forêt,
tandis qu'elle est très-grande dans un champ.

Il n'est donc pas étonnant que la pluie tombant en
été sur un sol découvert soit, en grande partie, perdue pour les sources.

Dans cette étude, nous ne nous sommes nullement
occupé des phénomènes qui ont eu lieu dans le Nord.

Mais, sur les bords de la Méditerranée, où les pluies
sont à la fois rares et violentes, il est incontestable
que le déboisement a fait le plus grand mal, en mo-
difiant d'une manière fâcheuse le climat. Ainsi, dans
le département de l'Hérault, la culture du millet,
celle des racines et même celle du blé, ne sont plus
possibles; et, si on ne reboise pas les montagnes sur le
littoral et si on ne se décide pas à entrer plus largement dans la voie des irrigations, les inondations de-
viendront de plus en plus désastreuses et la sécheresse
ne cessera d'aller en augmentant.

Nous ne demandons pas le reboisement général
des montagnes; cette opération serait trop coûteuse

et, de plus, elle priverait brusquement les proprié-
taires de dépaissances pour les bestiaux ; mais il conviendrait de reboiser les pentes les plus rapides et les
plus élevées, *et surtout d'utiliser beaucoup mieux les
eaux courantes pour les irrigations.*

On a, en effet, remarqué que la pluie allait en augmentant dans les pays qui étaient nouvellement soumis à de grands arrosages, parce que ces pays sont
plus frais et plus humides que ceux qui ne sont pas
arrosés.

En terminant cette note, qu'il nous soit permis de
dire, pour répondre à une objection de M. VALLÈS,
que notre manière de voir n'est pas fondée seulement
sur la théorie. Des ouvrages anciens prouvent que
notre région avait des cours d'eau plus considérables
que ce qu'ils sont actuellement ; ainsi Pline dit que
les eaux de la rivière de Peyne étaient excellentes
pour le lavage des laines et qu'il existait des lavoirs
sur cette rivière.

De nos jours, ces lavages ne peuvent plus exister,
puisque cette rivière est presque à sec en été.

Enfin, dans un ouvrage qui concerne les consuls
de Clermont-l'Hérault, il est dit qu'il existait des
forêts sur toutes les montagnes qui entourent la
vallée de la Dourbie, et, dans ce même ouvrage,
on parle de moulins qui avaient plusieurs meules.

Actuellement, les moulins qui existent n'ont qu'une
seule meule, à cause du peu d'eau dont on peut dis-
poser.

D'ailleurs ces moulins, dont on retrouve les ves-
tiges sur huit ou dix points différents et qui étaient
bàtis presque dans le lit de la rivière, ainsi qu'on
pourrait le pratiquer encore dans la vallée boisée du
Lampy, prouvent, d'une manière évidente, que les
inondations étaient autrefois bien moins fortes que
celles de nos jours.

EXTRAIT

DE L'UNION NATIONALE

DU LUNDI 19 NOVEMBRE 1874

Le Congrès viticole de Montpellier aura lieu du 26 au 31 octobre de cette année, sous les auspices de la Société d'agriculture, et sera présidé par M. Drouyn de Lhuys, président de la Société des agriculteurs de France.

En même temps se tiendra, à Montpellier, le Congrès séricicole international, qui doit attirer au milieu de nous un grand nombre de savants étrangers. Nous tiendrons nos lecteurs au courant des travaux de ces deux réunions importantes, dans lesquelles seront agitées les principales questions qui intéressent notre agriculture régionale. Nous serons heureux d'accueillir, en outre, les communications que voudront bien nous adresser les hommes compétents ; et, à ce titre, nous ouvrons avec empressement nos colonnes à une lettre de M. Jules Maistre, de Villeneuvette, écrite en réponse à un article du *Journal d'agriculture pratique* sur les causes de la maladie des mûriers et de la vigne, deux grosses questions qui seront portées à l'ordre du jour du Congrès.

Voici la lettre de **M.** Maistre :

A *Monsieur* SACC, *professeur.*

J'ai lu, dans le *Journal d'agriculture* de M. Barral, votre article très-intéressant sur M. Guérin-Méneville.

J'ai connu M. Méneville peu de temps avant sa mort, et j'ai vite apprécié son extrême bonté, sa grande intelligence et surtout sa modestie.

Vous dites :

« C'était un travailleur comme il y en a peu, aussi a-t-il laissé une masse énorme de publications. Ses derniers travaux, consacrés à la maladie des vers à soie, ont été bien injustement attaqués ; l'avenir lui rendra la justice que ses contemporains lui ont refusée : certainement, c'est la feuille malade des mûriers qui cause la perte des vers à soie. Mon savant ami, M. E. de Saulcy, a prouvé cette vérité pour les vers à soie jama-maï, puisqu'il a établi qu'ils ne se portent bien qu'autant qu'on les alimente avec la feuille prise sur de vieilles branches de chêne, tandis que celle des bourgeons de l'année les tue ; ce qui vient, sans doute, de ce que ces derniers se décomposent dans l'eau où on les garde, ce qui est sans action sur les branches ligneuses.

» Nul n'a trouvé encore de remède à la perte des vers à soie ; car je ne puis donner ce nom à l'abatage en masse des insectes contaminés, et la cause en est qu'on ignore ce qui produit le mal. Or, si le mal tenait aux vers, il est clair qu'ils ne donneraient pas de bonnes récoltes lorsqu'on les transporte dans des régions où la maladie n'existe pas, et que les vers à soie sains ne deviendraient pas malades lorsqu'on les transporte dans les régions attaquées par la peste.

» D'emblée, j'ai adopté sur cette question les idées de mon ami Guérin, et j'ai été frappé du misérable aspect qu'ont, dans le midi de la France, les mûriers blancs, qui, chez nous, où on les arrose et les fume, ont les feuilles du vert le plus foncé et la végétation très-luxuriante, comme au Japon, où on les traite de même. C'est donc le mûrier qui est très-malade, et c'est sa feuille malsaine qui empoisonne le ver.

» Tout autre est la question du phylloxera ; ici, la cause du mal est manifeste : c'est une invasion tout aussi visible et bien plus dangereuse que celle des sauterelles. Chaque jardinier sait que certaines plantes sont plus sujettes aux pucerons que d'autres ; que, souvent, ces insectes s'attaquent aux individus les plus vigoureux ; c'est le cas pour les rosiers surtout, qui se rétablissent dès qu'on les a débarrassés de leurs dangereux hôtes, et qui périssent souvent si on les laisse. Ici, M. Guérin s'est trompé, mais cela arrive à tous les travailleurs ; les critiques fainéants seuls sont *infaillibles*.

» J'espérais que des plumes mieux autorisées que la mienne défendraient la mémoire de M. Guérin-Méneville : nul ne l'a fait. Telle est la raison pour laquelle je viens, un peu tard, dire que la France a perdu en lui un fils dévoué, un noble cœur, un savant de premier ordre, un esprit sérieux et droit.»

Je rends, comme vous, pleine justice au talent de M. Guérin-Méneville, et, comme vous aussi, je dis

que la France a fait une grande perte en perda nt
l'homme de mérite dont vous venez de faire l'éloge.

Mais vous me permettrez de ne pas partager entièrement votre manière de voir et celle de M. Guérin,
en ce qui concerne la maladie des vers à soie.

Quant à la partie qui concerne le phylloxera, je
partage entièrement la manière de voir de M. Guérin-Méneville.

Ce n'est pas l'*insecte* qui est la cause *première* de
la *maladie de la vigne,* mais c'est la *vigne* qui, étant
souffrante par suite de la sécheresse, se laisse attaquer par l'insecte.

Cette dernière question est celle qui a le plus
grand intérêt. Mais revenons à la maladie des vers
à soie.

D'après M. Guérin-Méneville et d'après vous, la
feuille des mûriers serait la principale cause de
la maladie.

La feuille a une très-grande influence sur les vers
à soie; mais les insuccès obtenus dans ces dernières
années tiennent à la manière dont on élève les vers:
en général, on a fait de trop grandes éducations.

Si l'on veut obtenir de beaux produits, il faut:

1° S'empresser de faire de très-petites éducations,
ainsi que cela a lieu en Italie et au Japon ;

2° Renoncer pendant quelque temps aux graines
indigènes ; prendre des graines du Japon ou des pays
qui n'ont pas de maladies ;

3° Ne tailler les mûriers que tous les *quatre ans,*

4

afin d'éviter de donner aux vers des feuilles trop grasses ;

4° Employer le plus possible des feuilles de mûriers non taillés ou des feuilles de mûriers sauvages.

En prenant les quatre précautions indiquées ci-dessus, on est à peu près assuré d'obtenir de très-bons résultats.

La principale maladie vient de ce qu'on accumule une grande quantité de vers dans les mêmes locaux.

Mais il est incontestable que la qualité de la feuille a une grande influence sur la réussite des vers.

Mon père s'est occupé de l'éducation des vers à soie pendant plus de quarante ans, et il n'a pas tardé à reconnaître que de la feuille trop grasse donnée aux vers, surtout vers la fin de l'éducation, amenait presque toujours des insuccès.

La feuille grasse augmente l'humidité qui existe dans les magnaneries, et on sait que l'humidité est le plus grand ennemi des vers à soie.

Pour avoir de beaux résultats, il est préférable de perdre, vers la fin de l'éducation, toutes les feuilles qui sont trop grasses.

Nous avons le plus grand intérêt à connaître les moyens de combattre la maladie des vers à soie.

La culture des mûriers avait une tendance à disparaître ; et aujourd'hui que nous connaissons les moyens qui permettent aux Italiens d'obtenir de beaux produits, nous devons, au contraire, favoriser et augmenter cette culture.

Les habitants de la Lombardie ont une agriculture très-prospère et bien plus avancée que la nôtre;
au lieu de n'avoir qu'un seul produit comme nous,
ils en ont trois : les prairies, les rizières et les mûriers.

Cette dernière culture n'est pas la moins prospère,
et, tous les ans, la maladie des vers à soie va en diminuant en Italie.

Cette année, avec des cartons du Japon, livrés par
la Compagnie franco-japonaise, et en prenant les
précautions que nous venons d'indiquer, nous avons
obtenu, à Villeneuvette, plus de 43 kilog. de cocons
par carton : c'est là un magnifique résultat.

Maladie de la vigne

D'après M. Guérin-Méneville, c'est la vigne qui
est la cause première de la nouvelle maladie.

Le phylloxera ne fait des ravages que parce que
la vigne souffre; et la vigne souffre parce que, depuis
un certain nombre d'années, elle ne reçoit pas suffi-
samment d'eau.

Voici la manière de voir de M. Guérin-Méneville :

« Il y a des insectes qui ne vivent que sur des
plantes pleines de vigueur; d'autres ne vivent que
sur des plantes malades; d'autres, enfin, sur des plantes mortes.

» Le phylloxera ne vit que sur des plantes déjà
malades. »

4*

Nous soutenons que la vigne doit être malade, si elle ne fait pas exception à la loi suivante, qui est générale en agriculture :

« Pour obtenir de beaux produits, il est *indispensable de varier les récoltes.* »

Nous soutenons, de plus, que le climat de notre région est devenu bien plus sec depuis quelques années, et nous ajoutons que la culture exagérée de la vigne sur de très-grands espaces a puissamment contribué à *amener ce fâcheux résultat.*

Voici les faits sur lesquels nous nous appuyons, pour dire que notre théorie est fondée.

La culture de la vigne disparaît tous les jours de la *vallée du Rhône,* et elle avance, au contraire, dans la direction de *Toulouse.*

Par contre, la culture de la vigne n'était possible que sur les coteaux, et aujourd'hui elle a envahi les *plaines basses de l'Hérault,* de l'*Aude* et même de la *Garonne.*

Faut-il admettre que les agriculteurs actuels soient plus habiles que les anciens, et que, par suite, le climat n'a eu aucune influence sur le changement survenu dans nos cultures ?

Il y a un certain nombre d'années, on a essayé plusieurs fois de planter des vignes dans des plaines basses; et, comme à cette époque l'humidité du sol était trop grande, on a été obligé de renoncer à cette culture, et cela après une période de trois à quatre ans.

Il est d'ailleurs reconnu que, depuis le commencement de ce siècle, les pluies d'hiver vont en diminuant.

En admettant même que la diminution de la pluie n'existe pas dans la région du Midi, nous soutenons que la quantité d'eau qui est absorbée par le sol est moins considérable que celle qui était absorbée avant que de très-grandes surfaces fussent plantées en vigne.

Cette diminution vient de ce que la culture de la vigne laisse le sol découvert depuis le mois d'octobre jusque vers la fin du mois de mai, c'est-à-dire pendant la période où tombent les pluies les plus abondantes. Il convient d'ajouter aussi que, la vigne ne permettant pas des cultures assez profondes, la couche superficielle qui est travaillée n'a plus une épaisseur suffisante pour contenir toute l'eau pluviale qui tombe pendant l'automne et l'hiver.

Du mois de mai au mois d'octobre, les pluies qui ont lieu dans nos pays sont en général insignifiantes, ou, pour mieux dire, elles ne profitent jamais aux sources, ainsi que l'a remarqué M. Belgrand; parce qu'à cette époque de l'année, le sol, étant très-chaud, ne laisse pas à l'eau le temps de descendre à une grande profondeur.

A l'époque où notre région avait une grande surface boisée, ou couverte par des céréales et des fourrages, et que, d'ailleurs, les champs étaient entourés par des haies ou des arbres, le vent avait sur le sol une action bien moins énergique que de nos jours, et l'*évaporation* n'était pas aussi rapide que celle qui a lieu actuellement.

Nous ne saurions trop insister sur ce *sujet*.

Si réellement notre climat devient plus sec, la vigne doit souffrir, et cela pendant une période plus ou moins longue ; c'est-à-dire qu'elle ne reçoit pas assez régulièrement l'eau qui est indispensable pour permettre aux racines d'entretenir une belle végétation, et, dès l'instant que la vigne *souffre,* elle se laisse attaquer *très-facilement par les insectes.*

C'est *là* la manière de voir de M. Guérin-Méneville, et je crois qu'il est dans le vrai.

Je viens de parcourir les environs de Montpellier, dans la direction de Montferrier, et, plus que jamais, je persiste à croire que la sécheresse est bien la cause réelle de la nouvelle maladie de la vigne.

Ce sont les vignes les plus exposées à l'action desséchante du vent de nord-ouest qui sont le plus attaquées par le phylloxera.

Si notre climat devient réellement plus sec (et tout nous porte à le croire), nous n'avons plus qu'un seul moyen de combattre la sécheresse et d'assurer en même temps de belles récoltes : c'est de favoriser les irrigations.

Et, afin que les irrigations produisent de très-bons effets, il faut les établir sur de vastes surfaces.

Du reste, en arrosant, nous facilitons toutes les cultures, et, en définitive, nous imitons les habitants des bords de la Méditerranée qui ont voulu augmenter la fertilité de leur sol.

Ces habitants n'obtiennent de beaux résultats qu'en arrosant largement leur terrain.

Mais, pour arriver à un résultat pratique, et cela dans peu d'années, nous ne voyons qu'un moyen : c'est de réaliser, dans le plus bref délai, le magnifique projet de M Aristide Dumont, c'est-à-dire de construire le canal du Rhône, qui permettra d'arroser de 50 à 60,000 hectares.

De tous les fleuves, le Rhône est celui qui se prête le mieux aux irrigations, car il a l'avantage d'avoir beaucoup d'eau en été.

Ce ne sont pas les fonds qui empêcheront de réaliser ce projet; mais déjà, depuis qu'il est question de prendre une partie des eaux du Rhône pour les employer aux irrigations, la Chambre de commerce de Lyon s'est émue et, au nom du commerce, elle cherche à créer des obstacles.

Elle prétend que, si on enlève au Rhône 50 à 60 mètres cubes d'eau par seconde, la navigation ne sera pas possible.

Nous sommes persuadé que ces plaintes sont exagérées.

Si le Gouvernement a intérêt à favoriser nos moyens de transport, il a un intérêt encore bien plus grand à assurer l'avenir de notre agriculture.

Et il ne peut assurer cet avenir qu'en favorisant

les irrigations, puisque l'eau est l'élément qui fait défaut.

D'ailleurs, en y réfléchissant, on voit qu'il est très-facile de concilier tous les intérêts.

La navigation du Rhône, telle qu'elle est, ne rendra jamais de bien grands services; pour lui donner de l'importance, il est indispensable de construire à côté du Rhône un canal qui servira à la fois pour la navigation et pour les arrosages.

Un fleuve rapide tel que le Rhône, et qui est exposé à de très-grandes crues, ne peut être utilisé dans tous les temps.

Or, si nous voulons favoriser nos transports et augmenter, surtout, le commerce du transit, le seul moyen que nous ayons à employer, c'est de créer un canal de navigation.

Le transit n'aura jamais lieu par bateaux, tant qu'on ne sera pas assuré de rendre la marchandise à jour fixe.

Vous me permettrez, Monsieur, en terminant cette longue lettre, de vous remercier une fois de plus de m'avoir fourni l'occasion de rendre justice au vrai mérite de M. Guérin-Méneville.

Il est dans le vrai quand il dit que la vigne souffre, et que c'est à la suite de cette souffrance, ou maladie, que *l'insecte arrive*.

Dès l'instant que nous connaissons le mal, il nous est facile de le combattre.

Cependant, nous ne saurions trop remercier M. Plan-

chon, M. Gaston Bazile et tous les agriculteurs qu
ont découvert ou étudié les ravages occasionnés par
le phylloxera ; car il est incontestable que, dès l'instant que l'insecte arrive en grande quantité, il ne
peut qu'augmenter la maladie de la vigne.

D'ailleurs, nous n'insistons pas pour prouver que
le phylloxera est ou n'est pas la cause première de
la maladie. Une question plus importante nous préoc-
cupe : nous disons que la *sécheresse* de *notre pays* va
en *augmentant;* et, si cette manière de voir est fondée, il faut s'en préoccuper, car la sécheresse menace
non-seulement la culture de la vigne, mais bien toutes
les autres cultures; tous nos efforts doivent, par conséquent, tendre à la combattre.

Veuillez agréer, Monsieur, mes salutations em-
pressées.

Jules MAISTRE.

MONTPELLIER. — IMPRIMERIE CENTRALE DU MIDI
Ricateau, Hamelin et Cie, ancien Temple protestant

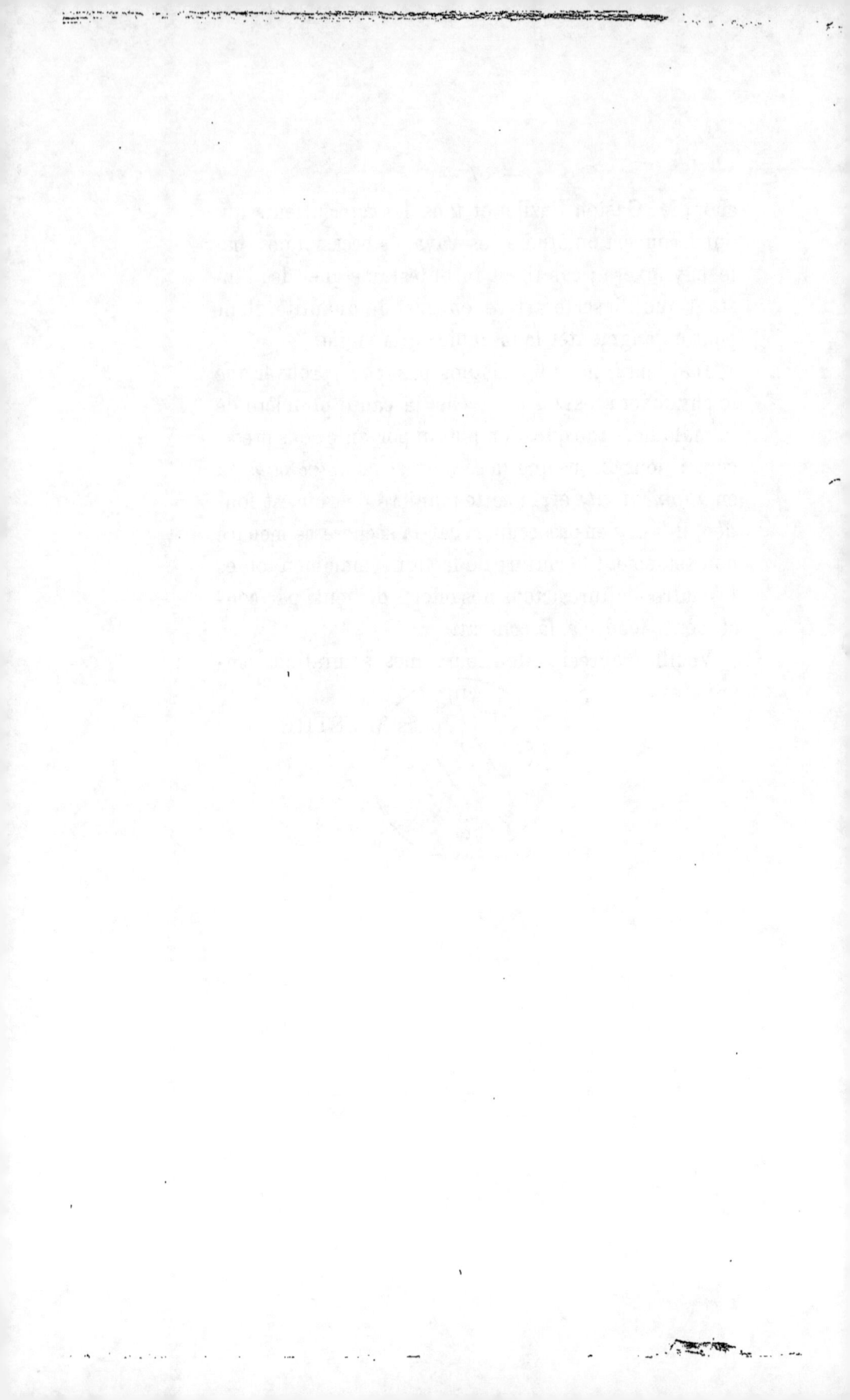

MONTPELLIER, IMPRIMERIE CENTRALE DU MIDI
Ricateau, Hamelin et Cie.

www.ingramcontent.com/pod-product-compliance
Lightning Source LLC
LaVergne TN
LVHW021724080426
835510LV00010B/1135